무위의 언어

지성.감성의 메타언어
조선문학사시인선.947

무위의 언어

박 진 환 제499시집

조선문학사

■ 책머리에_시인의 말

  자연을 신이 쓴 위대한 책이라 했던가. 자연은 신의 예술이라 했던가. 옛분들의 말씀이어서가 아니라 새겨 볼만한 명구들이다.
  문제는 신이 쓴 책을 읽을 수도, 읽어 풀이할 수도, 해석할 수도 없다는 점이다. 해서 접근방식이란 게 고작해야 자연의 번역이나 통역쯤이 된다.
  노자가 말했던 것처럼 자연은 말이 없으니 어찌 번역·통역인들 하겠는가마는 그렇다고 외면하고만 있을 수는 없는 일 나름으로 읽고 풀이해 보고자 도전하는 것이 내게 있어서는 시다.
  말이 없으니 말로 만들어야 하고, 말로 다듬어 담아내야 하고, 의미를 부여해 뜻을 만들기도 해야 하는 작업을 수반할 수밖에 없게 된다.
  시는 사물로 쓴다 했던가. 옳은 말이다. 사물엔 외양이 있어 이를 모방하고, 변용·변형해 새로이 태어나게 함으로써 새로운 탄생에 값하게 된다. 러시아 형식주의자들의 낯설게 쓰기가 변용·변형이 아니던가. 사물엔 외양과 함께 그 속에 외양으론 드러내지 않는 숨은 비의가 내재돼 있다. 이를 찾아 형상으로 재구성하는 것이 시인의 몫이라고 생각한다.

모든 자연 사물은 다 신의 문자다. 그 때문에 창조주의 언어이기도 하고 창조주가 만들어 놓은 존재이기도 하다. 이러한 존재나 언어를 읽고 풀이하고, 통역하고 번역하는 일을 시로 알고 써본 것이 『무위의 언어』다.

가당치 않은 도전이지만 적어도 사물에 대한 해석만은 새로이 해보고 싶었고 이를 시로써 형상화하고 싶었다. 그래서 자연의 이모저모, 사물의 여러 양태를 재단해다 짜깁기해 형상으로 재구성함으로써 자연의 해석이거나 번역·통역이기를 희망했다.

이번 시집 『무위의 언어』는 제499권째가 된다. 내 시의 마스터플랜인 500권째는 이어지는 시집 『무위 읽기』가 된다. 나름으로 자연의 언어를 통해 읽어본 무위가 자연의 새로운 모습을 드러내는데 일조를 했으면 싶다.

2024년 초추
저자 씀

무위의 언어 차례

책머리에_시인의 말 / 5

제1부
무위에서 배운다

무위의 언어 · 1 / 13
무위의 언어 · 2 / 14
무위에서 배운다 / 16
그늘시편 · 1 / 17
그늘시편 · 2 / 18
그늘시편 · 3 / 19
그늘시편 · 4 / 20
그늘시편 · 5 / 22
매미 / 23
매미 울다 / 24
모과목 / 26
비 오는 날 · 1 / 28
비 오는 날 · 2 / 29
비 오는 날 · 3 / 30
바람의 행방 / 31
장마 막간 · 1 / 32
장마 막간 · 2 / 34
장마 막간 · 3 / 36
장마 막간 · 4 / 38
장마 막간 · 5 / 40

상상 피서 / 42
음양인 것을 / 43
말복 더위 / 44
삼복더위에 / 45
열옥(熱獄)의 시 / 46
삽상한 바람 몰고 왔으면 / 48
한가한 날엔 / 50
열옥(熱獄)을 살아가면서 / 52
같은 이치인 것을 / 54
복더위 / 55
열옥 속의 오수 / 56

제2부
독립공원에서

독립공원에서 · 1 / 59
독립공원에서 · 2 / 60
독립공원에서 · 3 / 62
독립공원에서 · 4 / 63
독립공원에서 · 5 / 64
독립공원에서 · 6 / 66
독립공원에서 · 7 / 68
초하의 공원 / 69
중동의 겨울 공원에서 / 70
수해(樹海) 소묘 / 72
수해 유감 / 74

수해(樹海) / 75
발병지대 / 76
호접란 / 78
능소화 / 80
나리난초 / 82
수국 옆에서 / 83
6월의 꽃 / 84

제3부
수인의 영가

근황시편·1 / 89
근황시편·2 / 90
깜박증 / 92
화응(和應) / 94
삶 시편 / 96
더 무엇을 바라겠는가 / 97
정상 아닐는지 / 98
얼굴 / 99
지금 가고 없는 사람 / 100
축제 / 102
사랑 말고 / 103
수인(囚人)의 영가 / 104
그리움 / 106
이러한 것을 / 108
기다림 / 110

산에 걸린 옛길 / 112
외움하며 익힌다 / 114
자애(自愛) / 116
하루치의 행복 / 118
세월은 말이 없다 / 120
짜증·1 / 121
짜증·2 / 122
고립무의 / 123
청문회 유감 / 124
마음은 나를 비춰주는 거울 / 126
TV / 128
점패일 듯싶어서 / 130
가슴엣병 / 132
장마 장일(葬日) / 133
홍제골시 / 134
통사초(痛史抄) / 136
염병앓이다 / 137
목발신세 될 일도 없어서 / 138
new right 먹물 지우기 / 140
감기 / 142
사무사(思無邪) 소고(小考) / 144
시학(詩學)·1 / 148
시학(詩學)·2 / 150
앰뷸런스 혐오음 / 152

제1부
무위에서 배운다

무위의 언어 · 1

빛깔로 말하는 꽃도 있고
향기로 말하는 꽃도 있고
입술로 말하는 꽃도 있다
그런가 하면
빛깔도 향기도
입술도 아닌 가시로 말하는 꽃도 있다

살 오른 가시 세워
찔러 피 맛보고서야 하얗게 웃는
야성(野性)의 찔레

악가시 세워
향 훔치러 온 바람의 복부 터뜨려 분무 삼아
욱복 뿌려대는 첨저(恬儲) 악가시아

홍장의 입술로는 허하면서도
몸으로는 꺾이기를 거절하는
면저(魦儲)의 모순 장미

무위의 언어 · 2

하늘은 닿을 수 없는 높이와
가없는 넓이로 말하고
산은 가 닿을 수 있는 높이와
계량할 수 없는 무게로 말한다

강은 끝에서 끝으로 이어지는 길이와
잴 수 없는 수심으로 말하고
땅은 드러낸 적이 없는 두께와
검은 빛깔로 말한다

나무는 잎잎이 입이지만
잎 아닌 그린으로 말하고
구름은 떠도는 방랑기
머무름 없는 유동(流動)으로 말한다

무위는 제마다의 형상을 지녀
존재로 말하고
존재는 드러내지 않는 감추고 있는
비의(秘意)로 언어를 대신한다

무위 읽기가 이러하고
무위는 이렇게 말을 한다
하늘과 땅의 이치
자연의 인(凶)함이 또한 이러하다

무위에서 배운다

좋은 나무 나쁜 열매를 맺지 않듯이
나쁜 나무가 좋은 열매를 맺을 순 없다
악목불음(惡木不陰)이 그러하고
선목유음(善木有陰)이 그러하다

인간은 나무와도 같은 것이라 했던가
나무는 신성한 것이라 했던가
나무는 덕을 지녔다 했던가
나무를 견인주의자 고독한 철인이라 했던가

무위로써 인위를, 인위로써 무위를
견주어 풀이하는 옛분들의 말씀이나
오늘의 풀이나 다름이 아닌
무위와 인위의 인(因)이 이러할 듯싶다

신록 그늘이 그리워지는 계절
그늘의 한때를 파한 삼아 풀어본
무위와 인위의 동일성을
자연 불간지서(不刊之書) 삼아 무위에서 배운다

그늘시편 · 1

그늘은
햇볕이 황금 울타리를 둘러쳐
경계를 표시해 주고 있는 한
궁궐 없는 왕국이다

거대한 수림들이 가지를 펼쳐
잎잎마다 부챗살이 되어
더위를 식혀주고
한가로운 새소리들이 베개 되어 오수에 들게 한다

울타리 가 피어 있는 리라꽃들이
시녀인 듯 읍하고 서 있고
왕관이나 용상 없이도 벤치에 앉아도 꿈을 꾸는
나는 이 왕국의 주인이자 꿈속의 왕이다

그늘시편·2

나는 지금 포로다
화저를 꼬나든 염제의 포위망에 갇힌
갇혀 있는 한 안전지대인 그늘

스펀지보다 푹신푹신한 방석과
나뭇잎이 속삭이는 밀어 베개 삼아
꿈도 꾸어볼 수 있는

꿈 깨야 영경(靈境)·보경(宝境)·과거경(過去境)
현재경(現在境)·미래경(未來境)
오경 말고 경 따로 있어 꿈인들 꿀 수 있겠는가

저 불볕 지옥을 벗어나 들어선 그늘이
백안선사(白眼禪師)도 펼쳐보지 못한
선경(仙境)이었던 것을

선경에서만 꿀 수 있는 꿈 옥녀금동
독립공원 봉래산 삼아
포로만이 꾸어볼 수 있는 백일몽

그늘시편 · 3

나와 내가 만나는
면회소이거나 재회소다
그늘은

삶 속에 갇혀 사는 나와
삶 밖에 사는 내가 만나는 만남의 장소다
그늘은

서로를 그리워하고 서로를 외면하며
즉자로 살아왔던 나와 내가 해후하는 장소다
그늘은

나이면서 너이고 너이면서 나였던
따로따로가 아닌 우리로 만나는
필연이고자 하는 상봉의 자리다 그늘은

그늘 밖으로 나오자
나와 나의 발자국은 둘이 아닌
하나로 찍혔다

그늘시편 · 4

일상을 접어 저만치 밀어두고
잠시 삶의 고리를 풀고
나로부터 피투되어 본다

무심했던 것들이 유심으로 의미를 달리한다
눈으로 보냈던 한 자락 구름도, 귀에 담았던
우연의 새소리도 마음으로 보고 귀로 읽는다

소이로 있을 듯싶은데 딱히 떠오르지 않는다
떠오르는 것은
유심만으론 답에 값할 수 없다는 사실이다

그늘 밖과 그늘 안이
빛과 그림자로 표정을 달리할 뿐
이치나 인(凶)함에 달리함이 없듯이

피투된 나와
잠시 버렸던 일상에로의 귀한은
나와 나를 동행케 한다

필연의 관계라도 되듯 하나였던 나와 내가
그늘을 벗어나자
나와 그림자 둘로 하나 됨의 필연을 거부했다

그늘시편 · 5

들어서면
둘이었던 내가 하나가 된다

나가면
하나였던 내가 둘이 된다

그림자와의 동행
실상과 허상이 비로소 하나가 되는 그늘과

하나였다 둘이 되는 그늘 밖
발자국이 찍히지 않는 또 하나의 나와 동행이다

매미

장미 막간 틈타 햇볕 쨍하자
매미가 울었다
착각이었거나 성급했음이었을 듯
장마 끝, 매미 울음 시작이 절후의 질서여서

합창이기엔 불협화음이고
노래이기엔 음정·박자 엉망
그늘의 노래 음악(陰樂)이기엔
귀가 너무 따갑다

매미를 달리 제녀(齊女)라 하던가
악악 질러대는 소리로 치면 선머슴 놈 같은데
제녀란 계집으로 치면 악녀(惡女)
종일 노래로 지내는 걸 보면
악녀(樂女) 같기도 해서

옛분들
매미를 악녀(樂女)·악녀(惡女) 아닌
제녀(齊女)라 한 소이가 궁금한데
궁금증이라도 풀어주듯 악악 악녀 악녀 해싼다

매미 울다

장맛비 끝나면 이어
매미의 따가운 울음이 쏟아져
성하를 알리는 게 무위의 질서다

헌데 요즘 제녀들은 아니다
장마전선이 남하해 햇볕나자
장마 끝 외치듯 매미가 울어댔다

착각이었다면 무위가 병들었음이고
순응에의 거역이었다면 무위의 법도를 어김이다
자연의 순리와 법도엔 통치가 없다

좇아 화(和)하고 따라 순(順)하고 순해 응(應)하고
함께해 동화(同化)할 뿐
인(因)과 결(結)과 의(依)를 달리함이 없다

인위의 법도에도 상처 있어 도치(道治)
덕치(德治)면 따르고 화하지만
하치 도치(刀治) 부치(斧治)의 통치면 역한다

제녀들이 이걸 안 것일까, 흉내해 본 것일까
무위의 법도에 어긋나다니
하늘의 이치 아닐 듯싶어 접어두기로 한다

※ 제녀(齊女) : 매미의 이칭.

모과목

독립공원
등나무 그늘에 앉아
몇 그루 모과나무를 마주하고 있다
지난해엔 해걸이를 했었던지
한 알의 모과도 없었는데
올해는 주렁주렁 잘도 열려 풍요롭다

나도 마음에 모과나무 한 그루를
가꾸며 산다
단단히 영글어 가을로 익어가는 것도 좋고
특유의 욱복(郁馥)은 더욱 좋다
수확된 모과를 바구니에 담아 창가 양지녘에
진열해 놓고 향 벗하는 것은 더더욱 좋다

가을의 무게까지는 아니어도
가을 빛깔과 향기면 더 바라 뭘 하겠는가
바윗돌도 바스러진다는 가을볕에도
빠개짐 없는 견고한 이마를
나는 좋아한다
그런 이마로 영글 지혜와 함께

저 모과들이 겪어야 할 시련
땡볕이며 천둥이며 우계의 습까지
함께 벗하는 가을 동행을
자청해 본다
내 이마 어디쯤에 영근 모과 한 알이
가을의 빛깔과 향으로 영글 때까지

비 오는 날 · 1

"비가 와서 어쩌"
비 오는 날이면 근심 반 걱정 반으로
미안해하며 아내가 건네던 말이다

발병으로 세브란스 나들이를
내게 의탁하면서부터
비 오는 날이면 아내가 하던 말

"걱정마, 다녀올게"
투창처럼 우산을 꼬나들며 돈키호테처럼
현관을 나서던 그날이 행복했던 것을

장맛비가 장대로 꽂히는 창밖을 내다보며
그날의 돈키호테는 늙은 망구가 되어
"비가 와서 어쩌"를 떠올리며 우수에 젖는다

우수(雨愁)와 우수(憂愁)가 범람하는 두 강안을
동행 없이 그날로 돌아가는 나를 뒤로하고
오늘도 나들이가 우수 등에 하고 현관을 나선다

비 오는 날 · 2

나는 우계(雨季)를 좋아한다
마른 건기의 가슴보다
젖은 가슴의 우수를 사랑하기 때문이다

마른 가슴으론 아무것도 길러낼 수가 없다
그리움도, 외로움도, 슬픔도, 기쁨도
젖은 가슴만이 길러낼 수 있는

그중 그리움을 나는 사랑한다
우리들이 쫓겨나지 않아도 되는
유일한 낙원은 그리움이기 때문이다

비가 오는 한 가슴은 젖고
가슴이 젖는 한 그리움은 자란다
그리움이 자라는 한 낙원은 풍요롭고

"비가 오면 어쩌"
아내의 주어였던 비 오는 날을
그리움의 경작일기로 가슴에 새긴다

비 오는 날 · 3

비를 머금은 무게를 견디지 못해
먹구름이 낮게 내려앉았다
갑자기 검은 그림자가 포위망을 좁혀왔고
왕왕대던 매미 울음이 뚝 그쳤다
동시에 쏴쏴쏴 물대포가 터지면서
날 세운 철못이 박히기 시작했다

물폭탄이라 했던가
허사 아닌 것이 일시에 터진 물폭탄이
범람하기 시작했다
그칠 기미가 보이지 않는 비에 갇혀
등나무 그늘 벤치에 포박된 채
꼼짝을 할 수가 없었다

까막까치며 새들도 입을 봉했다, 들려오는 것은
수직 하강하며 폭파하는 빗소리뿐
이때다 싶었는지 하늘을 굴러가는
뇌성소리가 귀를 찢었다
눈을 리얼리스트, 귀는 시인 했던데, 시인의 귀는
찢어진 채 피를 흘렸고, 그 피 잉크 삼아 시를 썼다

바람의 행방

바람의 행방은 알 수 없다
안산 능선을 기어오르다
세운 억새 날에 목이 잘려 나갔는지
그린그린 그물코로 얽힌 숲의
그물코에 걸려 포로가 됐는지
아니면 짙은 숲길을 잘못 들어 길을 잃었는지
부챗살에 접혀 꼬리가 잘려 나가 와병 중인지
바람은 소식이 끊겼다

인왕도 예외가 아니어서
축인 목물 산계가 말라 뻐꾸기는
종일 목마른 딸꾹질만 딸꾹딸꾹 해댔을 뿐
궁금한 바람의 소식은 알려오지 않았다
그늘 세례로 쉼터가 되어준
등나무 그늘 찾아 쉬어가던 바람도
오늘은 들르지 않는 모양이다
바람의 행방은 알 수 없었다

장마 막간 · 1

장맛비도 잠시 쉬어가고 싶었나
허긴 질질 짜는 꼴하며
심술깨나 동반한 점잖지 못한 행보가
자랑할 것은 못 돼
함부로 울 수만은 없어서일 듯

변덕도 그렇지
말짱하던 하늘이 우거지상이 돼
금방이라도 비를 쏟아낼 듯
험상궂은 꼴이더니
결국 비를 뿌렸다

밤엔 많은 비가 내릴 것이라더니
예행연습이라도 하는 걸까
서두름 없는 행보가 제법 점잖았고
빗줄기 신호 삼아
한 무리의 까치 떼가 가지를 버렸다

풀숲으로 수직하강 하자마자
부지런을 떤 입질이

비를 피해 숨으려는 벌레를 노린 듯싶다
젖은 몸이 서러웠던지 아니면 외로웠던지
구구구 비둘기가 울었다

비는 멎었고 동시에
폈던 우산들이 접혀졌다
심한 변덕을 잘 아는 길손들은
혹여 뒤쫓을지 모를 비의 심술을 피하려는 듯
행보를 재촉했다

장마 막간 · 2

바람도 땡볕도 싫어선지
장맛비에 젖는 것이 싫어선지 두문불출
부챗살을 접은 거수들의 가지도
미동도 하지 않는다

한나절을 빗겨선 공원은
오수에 들었는지 숨을 죽였고
적요의 한때를 이름 모를 새들이
울음인지 노래인지로 메워주고 있었다

이리 날고 저리 날며
가지에서 가지로 옮겨 다니던
공원의 터줏대감인 한 무리의 까치들이
정적의 껍질을 쪼아댔지만 견고했다

일행인 듯싶은 한 떼의 학생들이
공원 주차장으로 모여들자
조용했던 공원의 정적은 뒤로 물러섰고
관광버스 몇 대가 솔구이발의 수다를 싣고 떠났다

장맛비는 지나갔는지 비켜 갔는지 올 기미 없고
바람의 행방도 알 수 없었다
알 수 있는 것은 하늘을 떠도는 먹구름이
머금은 비의 무게를
쏟아낼 것이란 사실뿐이었다

장마 막간·3

구구 비둘기는
구구단을 외는데 서툴렀고
소이로 답도 81이 아닌 반대로 18
까치란 놈 18을 물어다 격음으로
깨뜨렸으나 견고했다

뻐꾸기란 놈도 무슨 불만이 그리 많은지
한나절 내내 폭격폭격 폭탄만 쏘아댔다
남녘산 혈통이 아닌 북녘 혈통인 모양이었던 듯
나라님이 격노했다는 소문이 퍼진 탓인지
세상살이가 탁탁해선지 소리들이 높다

정치판이 이전투구 개판이고
집안끼리 물고 뜯는 깽깽이 소리 담을 넘었다
치맛바람인지 여사님 바람인지
역풍은 거칠었고 불협화음은
꼬리에 꼬리를 물고 잘려 나가지 않았다

사과 사과 사과에
내미는 것은 배 배 배뿐

사과값이 비싼 소이를 알 것 같다
비타민 영양결핍으로 도지는 정치자양분
땡볕 마다않고 연옥살이 받아들여야 할 듯싶다

장마 막간 · 4

포복으로 능선을 넘어온 바람은
수해를 헤엄쳐 가기 위해
물결에 누워 배영으로
호수를 건너갔다

호반엔 수림들이 다투어
키재기로 도열해 서 있었고
장마가 끝난 것으로 착각했는지 제녀들이
도레미파솔라시도 발성연습 중이었다

염제의 방화가 분명한
목백일홍이 나무째 활활 타오르고 있었고
이웃했던 산나리들이 옮겨붙은 불길로
꽃송이마다 불꽃으로 터졌다

비를 머금은 구름들은 검은 무게에 겨워
낮게 지나갔고
내일부터 장맛비 계속이라는 기상예보를
예행연습이라도 하듯 행보가 느렸다

바람이 숨을 못 면한 소이가 이러했고
등에선 한출첨배의 구슬들이 떨어져 내렸다
그림자가 동행하지 않는
귀갓길이 쓸쓸한 소이도 이러했다

장마 막간 · 5

그린 일색의 공원 여백을 메우려는 듯
나리난초가 꽃등이라도 밝힌 듯
공원의 공허를 채색해 주고 있다

그늘 밖은
화저를 꼬나든 염제의 점령군들이
울타리를 둘러치듯 에워싸고

그늘 안은
수림들이 사유지라도 된 듯
거목들을 파수꾼으로 세워놓고 있다

그늘과 그늘이 서로 경계를 맞대고 살면서도
영역 다툼이나 불화 없이
이웃하고 살고 있다

장맛비가 잠시 멈춘 막간
눅눅했던 수림 사이 그늘들이
등을 말리는 사이

하오에 보쌈질 당해가던 햇볕이
그늘을 풀어놓자 장마 끝으로 알았는지
제녀(齊女)들이 맴, 발성 연습을 했다

상상 피서

걸친 것 다 훌훌 벗어
가지에 걸어두고
옥을 굴리듯 굴러가는 맑은 산계에
몸 뉘이고
온갖 세상 잡사·인사의 굴레를 벗어나
자연 그대로이고 싶다

에어컨이 어쩌고 선풍기가 어쩌고
탄산음료 한 잔이 어떻고가 아닌
지나가는 바람 있어 먹물 말리고 가고
솟아오르는 석건수 있어 목축이면 그뿐
이런 날엔 육덕의 시장기쯤 헹궈 볕에 말리고
한 끼쯤 거른들 어떠랴

부귀·영화가 무슨 대수랴
마음에 먹물기 없고
피로 쓴 몇 편의 시 있어 핏값 하면 그뿐
더 바라 또 무엇하랴
마음에고 육신에고 걸친 것 없는 알몸으로 귀환
돌아가 무위이고 싶다

음양인 것을

문명과 자연의 차이는
팬티 한 장
걸쳐 가렸느냐 그대로 알몸이냐의

가려 인위의 덕목 도덕에 값하고
벌거숭이 그대로 무위의 덕목에 값하면
어느 것이 더 값짐이 될까

값의 우열 기준은 무엇이고
무엇으로 기준 삼아 우열로
척도 될 수 있을까

벌거숭이 그대로 부끄러움이 없고
가리고도 부끄러움이 있다면
하나는 허울이고 하나는 본질일 듯

본질에의 충실이냐? 허울로의 치장이냐?
두 ??
하나는 돌출로, 하나는 은폐로 지니는 것이
음양인 것을

말복 더위

공원엔 켜켜로 더위가 쌓여 있다
바람이 대팻날을 세워 한 겹 한 겹 벗겨내 보지만
좀처럼 바닥이 드러나지 않는다

수해의 바닥엔 물 대신
그늘이 두께로 쌓여 있고
바람이 흔들 때마다 그늘째 파도로 일어선다

일어선 파도가 켜켜이 쌓인 더위를
덕석말이 해가도
말아갈수록 두께를 더하는
더위에는 속수무책이다

유책 없는 것은 아니지만
효력을 발생하기엔 두어 주쯤
처서가 지난 후에나 약발이 먹힐 듯싶다

공원은 더위를 식히는 쉼터 아닌 두께로 쌓인
열독을 바람에 청부, 깎아내는 목공소인데
대팻날이 두께에 물려 날을 빼내지 못하고 있다

삼복더위에

열독에 중독된 듯싶다
정신을 바로 세울 수도 없고
생각 또한 가다듬을 수가 없다
멍청이도 상멍청이가 된다
기쁨도 슬픔도 행복도 다 사치다
용기 · 의욕 · 지조 · 인내는 무용지물이다

한 바게츠의 시원한 청정수
끼얹어 독기를 씻어냈을 때만
사치도 정신을 회복하고
무용지물도 유용지물이 된다
땀의 의미를, 가치를 맛본 이만이
맛볼 수 있는 시원함은 한 컷의 탄산음료다

거추장스러운 허울들을 다 벗어버린
노출의 자유
팬티 하나가 문명과 원시 사이에 금을 긋는다
금의 이쪽과 저쪽으로 인위와 무위가 교차한다
알몸의 자유와 팬티 하나의 도덕률이
이 계절의 주제다

열옥(熱獄)의 시

사위(四闈)엔 화저를 꼬나든
염제의 점령군들이 에워싸고 있다
제녀들이 목청껏 있는 힘을 다해 외쳐대도
물러설 기미는커녕 미동도 하지 않는다

건너 인왕봉 밑 어디쯤 숲에서
뻐꾸기가 폭군폭군 소리쳤지만
염제는 어림없는 소리 말라며
뒷걸음질 칠 기미를 보이지 않았다

간헐적으로 지나가던 바람이
이마를 짚어 식혀주곤
염라대왕이 아닌 염제대왕의
폭거라고 위로해 주며 지나갔다

그럴수록 염제의 심술은 도졌고
열독의 불을 뿜어냈다
매미들도 발악을 하며
악악악 악을 토해냈다

등나무 그늘도 땡볕 피한 안전지대가 아니었고
되레 열가마에 둘러싸여 갇혀 있는
영어 신세였다
지옥·연옥·천당 삼계(三界)에는 없는 열옥에서

삽상한 바람 몰고 왔으면

끈적끈적하게 달라붙는 점액질
아무리 물세례로 닦아내도 그때뿐
다시 접착제보다도 더 질기게 달라붙는
삼복더위

날마다 밤마다 씨름을 해야하는
땀으로 척척하게 달라붙어
짜증과 신경질적 분통을 터뜨리게 하는
삼복더위

만국여재홍로중이란 옛분들 말씀은 순구식
신식으론 불가마를 품고 있는
만국여재화정중인
삼복더위

처서 지나면 숨통 트일 것이라는 기상예보
믿거나 말거나 그래도 믿어 볼밖에
인내의 한계가 삼복더위 밀어낼
삽상한 바람 몰고 왔으면

※ 만국여재화정중(萬國如在火鼎中) : 온 나라가 불가마 솥에 들어있는 것과 같다는 뜻으로 극심한 더위를 형용한 말로 만국여재홍로중(萬國如在紅爐中)에 빗대어본 일종의 조어.

한가한 날엔

주말께나 국경일 같은 한가한 날을 맞으면
그리움이 항시 앞장을 선다
'이 더위에 뭐 하러 오느냐'고
아내는 만류하겠지만
도지는 이 마음의 설렘을 어찌 하겠는가

정작 오지 말라 할 듯싶은 아내와
기다릴 것 같아 가지 못한 미안함을
떨쳐버리지 못하는 두 마음과 생각 사이에서
편치 못한 서성임을 되질하며
하루를 허비한다

이 열욱 더위를 걱정해 부르셨을
높은 분의 배려에 감사한다
슬퍼하고 아파하며 원망까지
서슴지 않았던 아내의 소천을 슬픔보다 곱고
아픔보다 사랑스런 그리움으로 대체한다

그리움은 고마움·감사·모정(慕情)을 합한
내 가슴의 주어다

이 주어 가슴에 하는 한 에덴에서
추방되지 않을 영주권이 주어진다
영주권자만이 하늘에 가닿는 가슴을 지니는 것을

열옥(熱獄)을 살아가면서

더위가 온 정신을 삼켜버렸다가
토해내면 제정신을 회복한다
회복된 정신이 제일 먼저 소환하는 것이 있다
간 아내 생각이다

열독의 열옥살이 속에서도
끈을 놓아서는 안 된다며 붙들고 있었던 것이
내자였다는 등식이니
내자만은 지울 수가 없었음이 된다

이 열옥살이 면하게 해주신
높으신 분에게 감사한다
한때는 억울해 분노 마다하지 않았지만 병 없고
아픔 없는 세계로 소환하셨으니 축복 아니던가

이를 깨닫기까지엔 열옥살이를
두 번이나 해야만 했다
미지생언지사라 했지만 체험으로
깨달았으니 앎이라기보다 터득인 셈이다

병 없고 아픔 없고 더위도 없는
고해의 저쪽 가닿을 수 없는 곳
무의 세계이면서도 유로 통하는
열옥을 살아가면서 열옥 저쪽을 지님 아니던가

※ 미지생언지사(未知生焉知死) : 삶도 모르면서 어찌 죽음
을 말하겠는가. 공자의 말.

같은 이치인 것을

만국여재홍로중(萬國如在紅爐中)이면
덥겠다
그냥 덥겠다는 싱겁고 미치게 덥겠다면
간기 있어 짭짤하겠다

장맛비가 그냥 비가 아닌
장맛으로 간기깨나 풍겼다면
더위가 흘리게 하는 땀은
따갑다 못해 볶아져 씁쓸하겠다

넘치는 것은 더위의 위력만이 아닌
도를 넘침이니 적당히가 아닌
체온 36도를 넘겨
살점째 데쳐져 삼겹살구이 못 면할 지경이다

갈증을 풀기엔 찹쌀 냉막걸리 두어 병쯤
병나발 불었으면 싶은데 화통에
기름 부은 격 안 될지, 격은 따져 뭘하랴
불 먹기 더위 먹기가 이열치열 같은 이치인 것을

복더위

포식성에 식욕 또한 왕성한
독 오른 연체동물이 연일 열독을 뿜어낸다
목을 껴안고 늘어지기도 하고
등에 업힌 채 필사적으로 달라붙어
포만을 모르는 더위 먹고 더위에 취한
짐승 한 마리

그늘을 갉아먹고 그늘의 한때도 갉아먹고
가슴에 지닌 그리움이나 마음에 지닌
모정(慕情)까지도 꺼내 잡아먹고도
시장기를 못 면한 피둥피둥 살이 찐
비곗덩이 연체동물의 왕성한 식욕에
매일 성찬이 돼야 하는 만물의 영장들

연일 열독을 뿜어대며
내장까지를 꺼내 포식하고도 끝내 시장기를
못 면하는 무위의 야생마 무더위
까마귀가 까악까악 필사적으로 쪼아대도
왕매미가 악악 질러대며 소리쳐 봐도 끄떡 않는
땀 간장 삼아 포식 즐기는 연체동물 더위

열옥 속의 오수

열대야로 설친 잠 때문일까
깊은 잠을 챙기지 못한 불면의 후유증 때문일까
업무에 시달리지 않아도 되는
긴장이 풀린 안도감 때문일까
오수의 유혹에서 좀처럼 빠져나오지 못한다

꾸벅꾸벅 잠에 빠졌다 깼다를
되풀이하는 사이를 수도(睡道) 삼아
소름끼치는 앰뷸런스의
징글벨 아닌 징글징글음이
오수에 바퀴자국을 내며 짓뭉개고 지나간다

감태 낀 애인의 눈일지라도 사시 못 면했을
나른한 하품이 질질 흘리는
닦아내지 못한 침이 한 컷으로 인화된
최악의 스냅 한 장
한여름 열독으로 인화된

제2부

독립공원에서

독립공원에서 · 1

정오가 하오로 돌아서자
그림자들이 수런수런 위치를 바꾸기 시작했다
시시각각으로 늘어난 꼬리들이
안산 그늘에 물리면서 잘려 나갔다

공원은 점점 핏기를 잃어갔고
안산이 풀어놓았던 햇볕을 거둬들이자
회색지대가 된 공원은
하루를 접기 시작했다

옛 형무소 벽돌 벽들이 감췄던
얼룩을 풀어놓자
가로등들이 빛을 둘러
옛 감시 초소로 바뀌었다

별빛은 차가웠고
주변 APT에 갇힌 공원은
옛을 벗어나지 못한 채 영어가 됐고
독립공원은 영천의 형무소가 돼버렸다

독립공원에서 · 2

날마다 걸어서 넘던 무악재 고개를
내 명명으론 이별이 없는 고개라고 해서
무별리 고개를 8일 만에 걸어서 넘었다
그간 위출혈로 1주를 꼼짝없이
집에 묶여 있어야만 했기 때문이었다

날마다 들러 한 행이라도 낚아 올렸던
내 시의 낚시터 독립공원을
1주 만에 들렀다
햇볕 없는 꾸무럭한 날씨가
봄기운을 가렸지만 춥지는 않았다

터주대감 까치 비둘기며
더부살이 같은 참새 떼도
전과 다름없이 노래인지
울음인지 말씀인지를 제마다의
발성으로 읊어댔다

해석불가, 통역불가, 풀이불가
창조주는 각기 달리 언어를 부여

해독불가로 종과 속을 구분지었다
독립공원은 자연의 한 페이지짜리 학습장
오늘은 특강이 없었다

독립공원에서 · 3

비 오는 날의 공원은 쓸쓸하다
찾아오는 발길이 없기 때문
설혹 찾는 발길 있다 해도
우수(憂愁)를 지고 와 우수(雨愁)로
부려놓고 가기 때문이다

비 오는 날의 공원 풍속은 일상의
풍속과는 다르다
가슴이 젖을수록 가버린 날의
비단자락이 감기듯 젖을수록 당단풍잎도
피가 씻겨가긴커녕 피로 덧칠되기 때문이다

비 오는 날 공원에 들어서면
성한 사람도 가슴을 적시기 마련이다
가버린 날의 아픔이 있는 한 젖기 마련이기 때문
비 오는 날의 공원은 젖은 우수(雨愁)도
우수(憂愁)가 되어 업힌다

독립공원에서 · 4

독립공원은 연옥의 휴양소
거목들이 드리운 그늘 침대 삼아
시민들이 연옥의 열독을 푼다

치료법은 수술도 주사도 투약도 아닌
풍료법(風療法)
무위가 제공한 지나가는 바람이면 충분

의사도 간호사도 간병인도
의료분쟁도 수술 거부나 진료 거부가 없는
무위의 치료법

문명의 이기인 에어컨이나 선풍기도 필요 없는
가지들이 흔드는
부채 바람 세례면 그뿐

더위 먹은 연옥에 창궐한 돌림병
그늘 가엔 나리꽃이 화병 대신 꽂혀 있는
무료 병동 완치율은 100%인

독립공원에서 · 5

나리난초가
꽃이 없는 화단의 공원 공백 6월을
가까스로 힘겹게 넘기고 있다

7월이면
백합의 계절
욱복(郁馥)의 세례에 코피로 답해야 할

종과 속 달라도
닮은꼴에 이름도 나리와
나리난초

이웃하고 피어
무위의 경계를 넘어섰음이니
하나 됨이 아니던가

무위의 법도가 가고 옴을 넘어서고
있고 없음을 넘어서
화응의 순리를 좇음이니 불이가 아니던가

탈경계니 탈구조니
인위가 앞세우는 문명, 자연의 조화는
일찍이 동화의 질서로 합일됐던 것을

독립공원에서 · 6

거수(巨樹)들은 허리에 세월을 두르고 세월로
서 있고, 가지들은 흔들리는 바람으로 서 있고
하늘을 받들고 서서 머리에 구름을 이고 있는
두목(頭木)은 높이로 서 있다

뿐인가, 드리운 그늘은
선목유음(善木有蔭)의 덕을 깔아주고 있고
깔아 풍요를 베풀고 있음이니 덕목(德木)으로
덕목(德目)을 실천하고 있음 아니던가

악목불음(惡木不蔭)의 악목은 있어도
선목에 대한 덕목 제시가 없음은
덕목의 품이 커서 일일이 덕목(德目)화
할 수 없음이 아니었을까

철 되면 제녀(齊女)들 합창으로
노래가 되어주고
새들의 지저귐으로 목관악기가 되어주기도 하니
이 또한 덕목에 값함 아니던가

그늘의 한때 나무를 벗하며
하늘과 세월과 바람과 구름에 더해
가지째 이파리 보표 삼아 오선보가 되어주니
나무의 덕으로 무위를 배움 아니던가

독립공원에서 · 7

공원은 열사의 도심 속
작은 섬이고 섬이면서
작은 포구다

섬 속엔 거수들이 수초로 자라고 있는
수심 깊은 수해(樹海)가 있고
수해엔 잎새들로 출렁이는 파랑이 있다

파랑과 파랑이 스크랩을 짠
흔들거리는 가지와 가지 사이론 돛폭을 펄럭이며
바람으로 만선인 돛배가 드나든다

섬 밖의 도심은 문명의 숲이 연옥의 불길에 타고
수해의 그중 깊은 수심에는
인어 떼가 무리 지어 한가를 즐기고 있다

섬 밖엔 사바의 열사병이 창궐하고
눈에 쌍불을 켠 갑충들이 악악 악음을 토해
섬을 칭칭 둘러감아 연옥으로 끌어내고 있다

초하의 공원

깊이 모를 수해(樹海)에
발목이 빠져버린 수림들은
필사의 발버둥에도 발을 뽑아내지 못 했다

더러는 가지마다 파랑으로 펼쳐
헤엄도 쳐보고 더러는 펄럭이는
돛폭 삼아 아프도록 흔들어 봐도 까딱도 안 했다

닻을 내려 입항시킨 것도
밧줄로 꽁꽁 묶어 둔 것도 아닌데
정박은 견고했다

갈매기 떼 대신 한아 떼가
검정을 헹구고 먹물을 토해냈으나
파도엔 묻어나지 않았다

35도를 넘는 땡볕에 벌집의 꿀이 녹아내리듯
다디단 바람이 수해를 일으켜 세워
공원을 섬째 파도로 말아갔다

중동의 겨울 공원에서

아침저녁으론 영하권으로 주저앉았다가
정오 무렵께는 영상을 회복하는 날씨는
계절로치면 겨울과 봄이 등거한 셈이다
하루로쳐도 추웠다 풀렸다를 되풀이하는 변덕
변덕도 덕으로 쳐줄랑가

임정역사기념관 연통에선
하얀 증기를 내뱉었다
삼켰다를 되풀이한다
피어올랐다 사그라졌다가
한가롭고 게으르게 반복된다

냉기 면한 바람은
풀기 가신 듯 제법 부드러우나
목에 감기는 냉기는
부드러워진 햇볕과는 달리
절후가 중동(仲冬)임을 일러준다

수경사 막사 유리지붕이
한사코 수직으로 떨어지는 직사광선을

방사, 머무름을 허락하지 않는다
심술은 아닌 것 같은데
서로 몸을 섞을 처지는 못 되는 것 같다

벤치 앞으로 포복해오던 하오의 햇볕이
영토를 넓히면서 서서히 그늘을 밀어냈다
하오가 행보를 서두름이리라
발목까지 올라선 온기를 물리치며
발을 뺄 때가 됐다 싶어 일어선다

수해(樹海) 소묘
  － 독립공원에서

수해의 빛깔은 먹청이었다
파랑과 파랑이 맞물려
흡사 거수들이 걸친
갑주의 비늘 같았다

열사를 가로질러 온
목마른 바람이 수심에 몸을 던져
파도에 누워 배영으로
수해를 빠져나갔다

수륙 겸용 버스들이 수심 깊이
배로 정박해 있었지만
승객들이 빠져 나가버린 선실은
텅텅 비어 적막으로 가득했다

수해목에 기생(寄生)하는 제녀(齊女)들이
일제히 발성연습을 했고
능선을 넘어온 해조음이 덕석말이 파도가 되어
불협화음을 말아갔다

맴맴맴에 섞어
외항선 뱃고동 소리라도 된 듯
인왕산 그늘에서 뻑꾹뻑꾹 격음이 들려왔으나
고운 물새 울음이 아닌 더위먹은 딸꾹질 같았다

수해 유감

수해(樹海)의 계절에 수해(水害)면
이름값관 상관이 없고
수해(受害)면 이름값에 값한 것 같다

제대로 값한 수해(水害)・수해(受害)완 달리
이름값도 못한 수해(樹海)는 크기가
해(海)와 같음이니 덕으로 이름 삼음이다

둑 무너져 방천 나고 방천에 빠져 수장되고
떠내려가 익사하고 범람해 표휴하는
그런 해(害)완 본질이 다른 해(海)

선목유음(善木有陰)이 그러하듯
깊이와 넓이로 강심(江心) 하는
수해(樹海)

해(海)와 해(害)의 다름으로
장마의 계절을 풀이해보며 덕의 넓이와
해(海)의 깊이에 해(害)를 견주어 본다

수해(樹海)

수해의 깊이는 높이로 잰다
깊이에서 높이로 차오르는
산째 강물이 되는 수해

어떤 것은 거대한 노도로 일어선 채
가라앉지 못하고, 어떤 것은
격랑으로 흐르다 산마다 섬으로 가두기도 하는

산째 파도가 되기도 하고
파도째 산이 되고
산이 되어 섬이 되기도 하는 수해

강물로 범람하고, 노도로 일어서고
격랑으로 세상을 침몰시킬수록
수해(水害) 아닌 수혜지대(受惠地帶)가 되는 수해

발병지대
― 개화기

독립공원
홍매화·백목련·산수유·개나리
다투어 꽃앓이 하는 신열의 발병지대

왕초보 시인이 시를 쓴다
홍매화 붉게 피고
백목련 하얗게 피고
산수유·개나리 노랗게 피고
본 그대로 사실 그대로 썼으니 잘못은 없다

홍매화 붉은 꽃잎 입술인 듯 곱고
백목련 흰 꽃잎 옥으로 깎은 듯 차고 희구나
산수유 망울망울 눈곱 뜯어내지 못하고
개나리 선하품 춘곤증이 완연하다
그런 대로 흉내 했으니 잘못은 없다

제법 쓴다는 위인이 다시 쓴다
홍매화 가지째 나무째 살갗 터져 흘린 피
천형의 문둥병 못 면하고
백목련 빈혈기 앓이 신열

꽃잎 부챗살로 펼쳐 식히고
산수유 조밥풀 햇볕에 숙성
발효되어 술기운 돌고
종일 선하품만 토해내는 개나리
춘곤증에 털어내지 못하는 걸 보면
개화기 아닌 발병지대

이리 비틀고 비꼬고 둔갑시켜야
왕초보 면하고 새로운 사실로 태어나는
그런대로 시로 읽어줄 수 있어서

호접란

꽃과 나비는 다르면서
하나다
하나이면서 둘이니
다름이면서 같음이다

호접란
나비와 닮았다고 붙여준
이름이다
꽃과 나비가 둘이면서 하나 됨의 소이다

같다면 닮은 꼴
다르다면 나비가 꽃잎으로 날개하고
날아감이 다르다
다르면서 꽃과 나비가 순수에 가 닿음에선 같다

자연의 이치가 인(因)함에서요
인으로 연(緣)함에서요
연으로 결(結)함 때문에
같고도 다르고 다르고도 같음이다

호접란 화분 앞에 하고
같고 다름의 이치를
음(吟) 해본다
나비가 없어도 있음이나 같음이다

능소화

기다림이라 했던가
꽃말이
자위(紫葳)라 했던가 이칭이

아무도 걸어 넘지 않는 무악재
이별인들 있었겠는가
없었으니 기다릴 이도 없음 아니던가

육칠월 땡볕 마다않고 핀 꽃
꽃등으로 밝혀 들고 기다리다
기다림이 되어버린 능소화

고개란 쉬어 넘어야 고개다운 고개
단걸음에 표표히 넘어가 버리면
이별 있었단들 기다림이 되어 주겠는가

길 양켠에 등불로 도열해 서서
오실까 오실까 기다리는
금등화(金藤花)

금등화(金燈火)면 뭘하랴
밝혀 들고 기다려도 오실 이 없으면
아니 기다림만 못한 부질없음인 것을

※ 금등화(金藤化) : 능소화의 이칭.

나리난초

나리난초 몇 송이가
한 폭의 그림이다
수림과 그린 일색인 공원
그늘로 메우지 못한 땡볕의 여백을
몇 송이 나리난초가 메워주고 있다

나리꽃과 생김새도 개화기가
흡사하면서도 이종(異種)인 나리난초
향이 없어 나비를 초대하지 못함인지
향이 없어 앉을 이유가 없어선지
꽃을 보고도 나비가 그냥 지나친다

드리운 그늘로 꽉 메워진 공원
드문드문 가리지 못한 땡볕의 공허를
나리난초가 무위의 순수로 메우고 있다
그 순수 앞에 하고
열사의 오아시스를 대신해 본다

수국 옆에서

더위란 놈이
땀에 적셔 정신마저 뽑아가 버리면
멍하니가 된다 멍하니가 되어
생각들이 하얗게 지워져 버린다

지워져 버리고 남은 생각 하나
그리운 얼굴에서
고맙고 감사한 얼굴로 바뀐
그중 깊은 곳에 간직했던 소이일 듯싶은

공원엔 수국 피어있고
열독 속에서도 서늘한 빛깔로 웃는
꽃 속에서 꽃으로 피는
수국을 사랑했던 사람

열옥의 몽롱한 멍하니 속에서도
수국처럼 땀으로 적셔 펼쳐보는
사랑은 연옥 속에서도 피어나는
꽃인가 보다

6월의 꽃

6월에 피는 꽃으론
꽃말이 기다림인 능소화가 있고
뱀에 꼬인 이브가 흘린 후회의 눈물이
땅에 떨어져 꽃이 되었다는 나리꽃이 있다

금등화(金藤花) 자위(紫葳)로 불렸던
능소화는 육칠월 복중에 피었다가
한 달 보름여를 화기(花期)로 지는 꽃이고

땅나리 말나리 솔나리 리라꽃
마리아꽃으로 불리운 나리꽃은
미자(美姿) 청향(淸香)의 꽃이다

어찌하여 두 꽃이 호시절 꽃의 계절
봄을 지나 땡볕 여름에 피는지
소이야 어찌 알겠으며 알아서 뭘 하겠는가마는

전하기로 능소화의 꽃말은 기다림, 나리는
이브의 눈물, 성모마리에게 받쳐진 꽃이다
꽃의 사연이 어쨌건

꽃이 귀한 계절에 피어 눈을 즐겁게 해주니
어찌 함소상희의 꽃이라 않겠는가
땡볕 연옥의 꽃 아닌 시원한 천사의 꽃인 것을

※ 함소상희(含笑相喜) : 문을 나와 보고 또 보고 미소로써
　　서로 기뻐함.

제3부
수인의 영가

근황시편 · 1

하루하루 무탈하게 살아가는
소박하고 평범한 삶을 사랑한다

소박한 삶으로
평범한 삶을 일으켜 세우는 일

일으켜 세워 기둥 삼는 일
기둥 삼아 살아있게 하는 삶을 사랑한다

삶다운 삶이란 특별한 의미로 재단되는
그런 삶이 아니라 재단 없이 의미를 지닌 삶이다

몇 번인가 넘어졌다 일으켜 세운 삶
일으켜 세워 새로운 삶으로 기둥 삼는 삶

그런 삶이 삶다운 삶 아닐까
그런 삶 그런 삶이기를 희망한다

근황시편 · 2

핸드폰 두고 오기
전기 켜놓은 채 오기
선풍기 끄지 않고 오기 등등
늙으면 깜박깜박
생각의 동선이 끊기기 마련이다

그럴 때마다 내뱉는 푸념이
늙면 ×어야
이런 ×신
사람 망가지기 ×지 같아서 등
여과되지 않는 푸념이 혐오차원이다

네트워크가 노쇠해 제기능을 상실
이어졌다 끊겼다를 되풀이하는 망각증세
시쳇말로 깜박증
그간 잘 써먹었으니 치매 대신하는 건망증
고마워해야, 헌데 짜증이 앞선다

한 번도 아니고 하루에 몇 번씩
당하고 나면 지친 더위에 살맛마저 없어진다

살맛뿐인가 울증도 끼어들고
허무도 비켜서주지 않는다, 허니
약이 없는 늙음이란 병 벗하고 살밖에

깜박증

요즘 들어 혼자 하는 말이 있다
병신, 바보, 멍청이
내가 나를 지칭하는 말이다

내게는 몇 개의 호칭이 있어
선생님, 교수, 시인, 박사, 평론가
사장 등으로 불리는 일곱 개의 호칭이 있다

다행히 많은 호칭 중
죽일놈, 더러운놈, 사기꾼놈, 도둑놈
상놈 등으로 불리는 불명예는 면하고 산다

남들은 할 수 없고 나만이
나에게 할 수 있는 호칭이
병신, 바보, 멍청이다

소이인즉 요즘 잦은 깜박증으로
화장실 불 안 끄기 손전화 두고 오기
열쇠 놓고 오기 등 실수가 잦다

병신, 멍청이, 바보는 그럴 때마다
불리는 호칭이다
오늘은 제법 몸짓이 큰 실수를 저질렀다

매주 토, 일을 제하고 하루도 빠짐없이
세브란스 병원의 발송우편물을 수거해 온다
오늘은 일요일 가서는 안 되는 날이다

서둘러 점심 재촉해 먹고
늦기 전에 도착한 병원은 문이 잠겨 있었다
아차 실수 아닌 깜박증의 중증 치매였다

화응(和應)

장마의 꼬리를 잘라먹은 제녀들은
연거푸 악악악을 게워냈다
이슬만 먹고 살아온 연고로
장마라는 인위의 독기는
일제히 배앓이를 호소하게 했다

질러댈수록 독은 독으로 토해져
세상이 온통 독음앓이를 면치 못했다
그늘을 쉼터 삼아 찾은 길손들만
수난을 겪었다 제녀들이 일제히
들어오지마 들어오지마로 밀어냈다

성원익청(聲遠益淸)
매미소리 멀리 퍼질수록 더하는 푸르름
그늘의 한때를 쉼터 삼고자 한
인위와 무위의 동화는
하루아침 몫이 아니었다

순응의 법도와 순리의 이치와
인(因)·연(緣)·의(依)와 같은

화해로운 질서의 자연동일성이 요구됐고
요구에 화답하는 인위의 화응이 필요했다

삶 시편

하루하루 무탈하게 사는
그런 권태로운 삶보다
필사적 삶에의 투신으로
죽음 속에서 삶을 건져 올리는 그런 삶이고 싶다

어떤 삶이 삶다운 삶이고
어떻게 살아야 삶다운 삶일까
죽을 값어치가 있으면 죽을 수 있는
의로운 삶, 죽음으로 삶이 되는 삶 있다면

어찌 살기를 바라 마다하겠는가
버림으로써 건져 올릴 수 있는 삶
그런 삶을 위해 버릴 줄 아는
삶에의 치열성이고 싶다

더 무엇을 바라겠는가

이마로 길을 내어 바라기 하던
먼 길 가까이로 다가오고
마음에 품어 기르던 총명・지혜・의지는
다 달아나버리고
삶은 허무, 메울 수 없는 깊이와
넓이로 파여 가고
오직 가슴엔 풍요
주체할 수 없이 솟아나는
솟아나 범람하는 그리움

내게 남는 것도, 지닌 것도, 지녀
쓸 수 있는 것도, 쓸수록 마르지 않고
솟아나는 것도 오직 그리움뿐
기실 나는 그리움의 억만장자다
뿐인가, 낙원에서 추방되지 않는
유일의 그리움을 지녔으니 낙원의 갑부다
거기다 지닐수록 증산에 증산을 거듭하는
세금이 면제된 부러움이 없는 재벌이다
더 무엇을 바라겠으며 지니고자 하겠는가

정상 아닐는지

오늘도 두 번째 핸드폰을 챙기지 못했다
짜증 차원이 아닌 혐오 차원의
내가 스스로에게 하는 말
"늙으면 ○어야"

살아서 한 손으로 챙기는
손전화 하날 깜박하고 챙기지 못하다니
기억의 회로가 망가졌거나
망가져 끝났음이 아니던가

허긴 다른 소이 있을 수도
절대 필요치보다 있어도 그만 없어도 그만인
그런 정도의 역할밖엔 역할이 없어서 일 듯도
허니 챙겨도 그만 버려두어도 그만인

주머니에 담고 다녀봤자 걸려온 수신도 없고
딱히 보내야 할 송신도 없다
있어도 그만, 없어도 그만인 소이가 이러하다, 허니
챙기기도 하고 잊기도 하는 것이 정상 아닐는지

얼굴

가장 아름다웠을 때가
가장 행복할 때였고
가장 행복했던 때가
가장 사랑할 때였던 것을

가장 슬플 때
가장 아플 때
가장 외로울 때
가장 그리울 때 깨닫게 해주다니

아픔·슬픔·외로움·그리움이 깨닫게 해주는
사랑·행복·아름다움
어찌하여 함께했을 때 이를 깨닫지 못했을까
깨닫지 못해 고분지통이 되게 하는 것일까

외로움과 그리움 씨줄 날줄 삼아
가슴이란 베틀로 짠
비단 한 자락
가슴에 두르면 무지갠 듯 타고 오는 그대 얼굴

지금 가고 없는 사람

이 세상에서 가장
아꼈던 사람
고마웠던 사람
사랑했던 사람
함께 행복했던 사람
지금은 가고 없는 사람

나를 낳아주시고 길러주시고
가르쳐주신 어머니와 함께
나를 이해해주고 보살펴주고
나를 위해 희생을 마다하지 않았던 사람
온 가족을 위해 봉사했던
지금은 가고 없는 사람

가고 없음으로 그리워하는 사람
다해주지 못했던 사랑 두고두고 후회한 사람
희생·봉사만 알고 자신을 돌아볼 줄 몰랐던 사람
그 은혜를 갚지 못해 아파하는 사람
그 아픔 그리움으로 달래게 주고 간 사람
지금은 가고 없는 사람

보고 싶어도 가고 없는
불러보고 싶어도 대답이 없는
갚고 싶어도 되레 베풀어주는
가고 없으므로 더 간절함으로 그리워지는
이 세상에서 내가 가장 사랑했던 사람 그대는 아내
지금은 가고 없는 사람

축제

그리움이 도졌거나
외로움이 갈기를 세웠나 보다
한사코 깃털 세워 날갯짓 하는가 하면
방목으로 살 찌웠더니 질주의 본능을
회복한 것 같다

내 전령사 학 한 마리와
만리길 마다않고 길 떠난 내 애마
만만리길 마다않고 갈기를 세운다
오늘밤은 학 애마와 함께
노독을 풀어야 할 것 같다

한 잔 술과 축가도 곁들이리라
길 떠난 그리움
지쳐 돌아온
노독 밝힌 촛불로
밤은 깊었네
당신의 노래 '소나무 우거진'과
내 자작곡 '에덴 파라다이스'도 함께 불러보리라

사랑 말고

못 잊어 그리워하는가
그리워 못 잊어 하는가
못 잊음과 그리움 가슴에 코일로 감기면
자장으로 모자이크된 얼굴 하나 있다

지워지지도 잊혀지지도 않는
얼굴에 새겨진
표정으로 하는 말
표정으로 읽는 말의 의미는 무엇인가

말없이도 말이 되고
표정 없이도 의미가 되는
말과 표정을 넘어선 곳에서만
읽을 수 있는 영통(靈通)의 언어

못 잊어 그리워하고
그리워서 못 잊어 하는
그 끝닿은 곳에서만 읽을 수 있는 말
사랑 말고 또 있던가 사랑 말고

수인(囚人)의 영가

향원익청(香遠益淸)
어느 화백이 자신의 그림에 얹은
화제(畫題)다

향기가 멀리 풍길수록 푸르름이 더한다 함이니
그림의 향기가 그러하고
맛과 멋이 또한 그러함 아니던가

많은 시를 그려놓고
시의 향기나 빛깔
맛과 멋이 그러하길 기대해본 적 있었던가

어화(語畵)의 솜씨도 솜씨겠지만
시가 없는 시대, 있다손 쳐도 시를 읽지 않는 시대
욱복(郁馥) 풍긴들 맡기나 하겠는가

탓하지 말 것이
피로 쓴 시도 읽어주지 않는 시대에
잉크에 물 타 쓴 시를 읽언들 주겠는가

의문부로 울타리치고 의문부에 갇힌
????? (시) ?????
시가 수인(囚人)의 넋두리 영가 된 지 오래인 것을

그리움

고마웠었소
사랑했었소
그리고 그립소

과거와 현재를
한꺼번에 표현할 수 있는 말
이 세 마디 말고 또 있던가

앞으로도 두고두고 할 수 있는
중단됨 없이 되풀이할
그리움은 진행형

내가 살아있는 한
살면서 고마움・사랑을 되풀이할 수 있는 것은
그리움의 자장(磁場) 때문

나는 그리움을 사랑한다
내가 쫓겨나지 않아도 되는 낙원에의 영주는
그리움이기 때문이다

퍼내고 또 퍼내도 마르지 않는 언제나 솟아올라
바닥을 드러내지 않는 그리움은
내 삶의 전부이고 살아가게 하는 에너지다

이러한 것을

속이고 사는 놈들은
속임이 진실이고 진실이기 위해서는
속여야 한다

속임이 삶 자체이고
생명이고 신앙이고
법도다

속이지 못하면 진실에의 역행이고
삶에의 후퇴이고
목적에의 실패다

정치가를 거짓말쟁이라 했던가
거짓이면 속임수요 사술이요
사기란 뜻 아니던가

정치의 정(政)자가
바를 정(正), 칠 복(攵)의 합자인 소이
속이면 매로 때린다는 뜻 아니던가

속임수로 다스리고 속임수에 답하고 사는
도치(刀治) 부치(斧治)시대
통치시대의 치통앓이 소이가 이러한 것을

기다림

한 발짝 한 발짝 기다림에
발자국을 찍으며 거리를 좁혀 보는
기다림이 있다는 건 행복한 일이다

반기며 맞아주는 일
맞아 기쁨을 함께 하는 일이
기다림의 미학이다

잘 길들여진 하루의 마무리
기다림으로 기다림이 합쳐지는 일은
하루치의 행복에 값한다

"늦었어" 하며 들어설 것만 같은
귀가 시간, 기다림이 없다면
하루의 마무리는 무엇으로 할까

오지 않는다는 것을 알면서도
올 수 없다는 것을 알면서도 기다려보는
기다림의 허무

허무를 메우기 위해
허무라는 늪으로 피투되지 않기 위해
그리움으로 기다림을 대신해 본다

산에 걸린 옛길

날씨가 좀 더 풀리면 결행하고 싶었다
옛길을 걸어 보기로 했다
독립공원에서 자락길을 돌아
서대문구청 폭포로 넘어가는 길이다

한성과학고 초입에서 7부 능선에
오르는 길을 가팔랐다
알맞게 숨이 차오르는 휴식처에서
멀리 보현봉을 마주했다
마주하자 옛날 시집 『산사기행』을 보냈더니
한번 올라오라는 정덕 주지스님의
말씀도 떠올랐다

내자와 함께 형제봉 능선을 따라
보현봉에 이르는 길을 동행했던 옛도
향로봉에서 비봉, 비봉에서 보현봉에 이르는
능선타기 동행도 옛길도 떠올랐다

앞서거니 뒤서거니 나란히 함께
동행했던 산길

그때 함께 올랐던 등정보다 높은 곳으로
아내는 가고 없다
눈으로 산정들을 바라기하면서 뒤돌아보는
옛날들이 늙은 세월로 발자국을 찍으면서
동행해준다

알맞게 차오르는 숨길
가빠하면서도 마다않고 따라주던 아내
그때가 행복했던 시절이었던 것을
옛날로 돌아가 가슴으로 걸어보는 산허리 옛길

외움하며 익힌다

이 험한 세상 아무 일 없이 하루가 무탈했다면
무능했거나, 현명했거나 지혜로웠다 해야할 듯
부딪칠 일 없어 피해 살았음이거나
부딪쳐도 슬기롭게 극복했음이거나
지혜롭게 피하고 극복했음이 될 듯싶어서다

아니면 싸워 쟁취해야 할 것을 지니지 못했든지
너 죽고 나 살자 식 삶을 지양할 줄 알았든지
그도 아니면 고해를 건너는
삿대질에 능한 사공이었든지
그중 몇 덕목을 지녔음일 듯싶다

내가 지닌 덕목이라면 공취보다
피해 부딪치지 않은 것
욕망의 중량을 줄이면서 사는 것
젠체하는 체병을 면하고 사는 것
분수 밖의 것에 눈길 주지 않는다는 것쯤

안분지족이라 했던가
맞는 말이자 좇을 만한 덕목이다 싶어

새기고 새겨 실천하고자 노력하며 산다
분수껏 사는 일이 주어진 삶일 듯싶어
싶어 싶어 주어 삼아 외움하며 익힌다

자애(自愛)

지인들마다 노구 아니면 망구들이라
건강이 시원찮은 모양이다
지병 지니지 않은 친구가 없을 정도다

나라고 다르겠는가
다행히 나들이할 일 있고
있어 움직이니 복으로 알밖에

한해가 다르게 노구 끌기가 다르다
육신도 그렇지만 육신 망가지면
정신도 성할 수 없음 아니던가

걸려오는 전화도 궂은 소식 많지만
그래선가, 딱히 전할 말도 없어
격조 못 면하고 사는 것도 병듦의 하나일 듯싶다

무탈하게 보낸 하루에의 감사가
자애 아닐지
자기애를 최고의 아첨이라 했데만

우리들의 최초이자 최후의 사랑은 자애라
안 했던가
자애 없이 누구를 또 사랑할 수 있겠는가

하루치의 행복

만져본 이마엔 오돌오돌 좁쌀같은
땀띠가 돋아났다
땀방울이 씻어내지 못한
열독이거나 열독의 자잘한 흉터일 듯싶다

처서 지나면 가을 손길에
저절로 매끄러운 이마가 되겠지만
열사의 길을 마다않고 내어 걷는 이만이
보석처럼 이마에 새길 수 있을 듯싶어 싫지 않다

땀의 결실 없이 가을의 풍요인들 있던가
땀으로 영글지 않고도 익어 빛깔하고 중량하는
그런 열매도 있던가
여름나기 땀의 수고로움도 다르지 않을 듯싶어서

열독의 계절을 열옥으로 살아가면서
땀깨나 흘렸다
하루도 거름이 없었던 내 나들이와
챙긴 일당이 헛되지 않았음일 듯싶다

땀으로 길을 열고 땀으로 걷기
그런 길 있어 마다하지 않고 걸을 수 있음을
하루치의 행복으로 알고 누린다
하루의 수고로움으로 계량되는 하루치의 행복

세월은 말이 없다

연일 열독이 가시지 않는 더위에
느느니 짜증뿐이다
삶 팍팍하고 신명날 일 없으니
고스란히 열옥의 삶이다

몸은 끈적끈적 달라붙는 염기
마음은 총기 잃은 채 몽롱한 멍청이
가슴은 화덕 끌어안은 염병앓이
이겨낼 내공의 힘 지니지 못했으니 죽을 맛이다
처서 지나 가을 맛 들면 달라진 것 있을까
이마로 더위 이겨낸 실과들은
잘 익은 빛깔과 맛의 보람이라도
늙은 이마엔 파인 채 지워지지 않는 주름뿐인 것을

주름 사이로 난 멀고 아득한 길 하나
바라기하기로 세월이 되어버린
가닿으면 무엇이 기다리고 있을까
동행해 주었을 뿐 세월은 말이 없다

짜증 · 1

장마철 우계와
마음의 우계가 겹쳐서인지
끈끈하게 달라붙는 짜증을 뜯어내지 못한다

목을 칭칭 감고 풀어주지 않는 연체동물 더위
한사코 뜯어내도 땀내 마다않고
애무를 즐기는 질긴 놈이다

선풍기의 칼날을 최대한 가속 거부해도
잘려나갔다 싶으면 몸뚱이 배로 불려 달려드는
흡사 발정난 짐승같다

지치고 짜증나고 늘어지고 풀린 연옥에
날선 죽창을 꽂으며 장맛비 지나가고, 이어
앰뷸런스 굉음이 긴장의 페달을 닮으며 지나간다

짜증 · 2

옛분들 '속이 시끄럽다' 하던 속
속과 함께 겉 시끄럽지 않은 날 없으니
시끄러움에 짜증이 업히기 마련이다

전문의 병원 복귀 8%대라던데
의사도 없는 병원 향해 신고 가느니
시끄러움과 짜증 아닌가 싶다

이어 신고 갔던 것과는 달리
이번엔 시끄러움과 짜증을 함께 싣고 와
길거리마다 뿌려놓는다

가슴마다 시끄러움과 짜증으로
환장 직전인데
환자를 실어가긴 커녕 되레 병을 풀어놓고 간다

앰뷸런스 경적음이 복음이 아닌
소음·굉음·귀음·악음인 소이다
시끄러움과 짜증의 균 배양소인 앰뷸런스

고립무의

늙고 병든 가지엔 눈먼 새도 앉지 않는단
옛분들 말씀 허사 아닌 것이
오늘날도 틀린 말 아니란 걸 일깨워줌 때문이다

늙고 병들면 찾아오는 이 없고
찾아오긴커녕 안부 물어온 전화도 없다
쓸모없는 폐품 신세쯤이 된 소이다

평생 가르치기만 한 소이로
꽤나 제자가 많은 줄로 알았더니 아니었다
착각 중에서도 그중 큰 착각이었다

스승과 제자는 옛분들의 덕목
요즘 세상에선 버려도 주워가지 않는 폐품이다
덕을 쌓지 못했음이거나 베풀지 못했음일 듯싶다

덕불고필유린(德不孤必有隣)이
덕불고필무린(德不孤必無隣)
고립무의(孤立無依) 같아서

청문회 유감

청문(聽聞)이란 게 떠돌아다니는
소문 아니던가
해서 청문회면 소문의 진위를 따져
밝히는 일 아니던가

국회가 청문에 풍년이도 들었는지
떠도는 소문이 풍년이 들었는지
둘 다인지 떠들썩
떠들석인지 떠돌석인지

'돌'과 '똘'도 끼어들고
섞이고 섞여 자리를 함께해
볼 만도 하고 들을 만도 한데
흡사 돌자갈밭 같아서

청문(聽聞)이
맑은 물음, 맑은 답 되어 맑은 결과
청문회(淸聞會)는
될 수는 없는 걸까

뇌진단까지 해야하는 청문회
뇌에 이상이 있다면 돌머리 될밖에
'돌'이 '똘'로 통하는 소이가 같을 듯
재미 있데마는 한숨은 왜 나오는 걸까

마음은 나를 비춰주는 거울

아프다, 슬프다, 원통하다를
그립다, 사랑한다, 고맙다로 바꾸는데
2년여 세월과 싸웠고
싸워 이겨야 했다

말만이 아닌
마음을 바꿔야 했기 때문
청신질욕
마음을 억제하기가 쉽지 않았다

마음이 밝으면
어두운 밤에도 푸른 하늘이 있고
생각이 어두우면
백일하에서도 도깨비가 보인다 했던가

행·불행은 모두 마음먹기 나름
마음을 고쳐먹고 바꾸기에 따라
행·불행을 달리함은
마음이 소이인 때문이다

아픔 · 슬픔 · 원통함이
그리움 · 사랑 · 고마움으로 바뀌면서
마음에 드리웠던 그늘 걷혔다
마음이 나를 비춰주는 거울임을 알았다

TV

하루종일 침묵으로 살기가
생각보다 어려웠다
무료도 달래고 눈요기라도 하겠단 심산으로
TV 한 대를 샀다
2년 반 만에 켜본 화면은
다양한 채널로 화려했다
그중 YTN 뉴스와 트롯을 즐겨 봤다

무료는 떨쳐낼 수가 있었으나
TV란 게 바보상자가 아니라
시간을 갉아먹고 사는 괴물이란 걸 알았다
저녁 후 취침까지 퍽 긴 시간일 줄 알았는데
아니었다
평소 취침시간 10시를 금방 갉아 먹혀 버렸고
무료 대신 허망이 엄습해 왔다

뉘우침도 잠시
중국 소림사 무슨 영화가 뜨기에 봤더니
12시가 돼도 칼싸움은 계속 됐다
이러다 시간만이 아닌 내가 잡혀 먹히겠구나

정신을 차리자며 꺼버렸다
선(禪)에 들 듯 조용했던 나만의 시간과 함께
내 삶의 리듬을 흔들어놓은 TV는 괴물이었다

점괘일 듯싶어서

인왕산 자락과 안산 자락 사이로
들어선 동네가 홍제골이다
옛날엔 호랑이가 넘나들었다는 무악재
지금은 무당 점집의 깃발이 펄럭이는
무속촌

홍제골의 아침은 두 주저(呪詛)음으로 열린다
하나는 불길한 예감으로 감기는 까악까악
한아의 울음
다른 하나는 삶을 향한 돌진인지
죽음을 싣고 가는 저주인지 앰뷸런스 귀음(鬼音)

까욱까욱 토해내는 먹물 세례에
으아 아으 아으으 으으아 종잡을 수 없는
앰뷸런스 악음(惡音) 중의 최악음이 화답한다
저주스런 까마귀 까욱까욱에도 소름 오싹인데
귀곡성 같은 앰뷸런스 귀음엔 경기 직전

어쩌다 홍제골이 먹물지대
귀곡성지대 돼 저주의 골짜기가 됐는지

아침부터 재수 옴 오른 일진의 운수는
당골집 점괘에는 어떻게 나왔을까
괘 그르다가 점괘일 듯싶어서

가슴엣병

주말 하오께면 기우는 하루에 업혀와
펼치는 저물녘의 마음자락이 있다
노을 같기도 하고 비단자락 같기도 한
마음에 드리워지는 저물녘

나들이하지 못한 날의 아쉬움 같기도 하고
푸념 같기도 하고 미안함 같기도 한
펼치면 가슴엔듯 이마엔듯 감기는
그리움 같기도 하고 파르므레한 슬픔 같기도 한

도지면 아픔도 되고 슬픔도 되고
외로움도
그 셋 다가 되기도 하는
고분지통

노을인 듯 유리창에 걸리기도 하고
가슴엔듯 마음엔듯 걸리기도 하는
주말께면 저무는 하루에 업혀 오는
소환 · 가슴엣병

장마 장일(葬日)

장맛비가 날 세운 철못으로
더위의 관뚜껑을 박아 덮고 가면
레퀴엠인 듯
제녀들 곡소리가 귀를 따갑게 찢었다
이어 앰뷸런스의 귀곡성이 뒤를 따르고

잠시 빗줄기 그친 사이로
정적이 기어들면
제녀들의 장송곡인지 통곡인지가 이어지고
앰뷸런스의 귀곡성이 이를 싣고
그 뒤를 따랐다

장맛비 사이사이 막간막간은 이렇게 메워지고
염제의 도진 심술은 불가마를 쏟았다
긁어 모았다를 되풀이했다
염병앓이 못 면한 인간들은
열옥의 유형길로 끌려가고

홍제골시

까욱까욱
어둠을 찢어 새벽을 여는
저부(詛符)인지 주부(呪符)인지 알 수 없는
한아의 먹물 게워내기

귀신 마빡 깨져 피 흘리며 우는 소린지
귀곡성인지
악성(惡聲)임에 틀림없는
악악대는 앰뷸런스 악음 토해내기

까마귀 악악 앰뷸런스 귀음 가윗날 삼아
절개한 인왕과 안산의 가랑이 사이로
홍제골의 아침이 핏덩이를 출산했다고 까악까악
까치의 희소식이라도 된 듯 이를 알린다

죽음에서 삶을 건져 올리기 위해 싣고 가는 건지
죽음을 맞기 위해 실려 가는 건지
앰뷸런스 악음이 까마귀 저부에 뒤질세라
악악대며 악마가 돼 질주한다

홍제골은 종일 불길한 흉음 까악까악
앰뷸런스 귀곡성 악악으로
아침이 열렸던 것과는 달리
까악까악 악악에 물려 하루가 끌려갔다

통사초(痛史抄)

조심스레 가지에서 가지로 길을 내어
감염을 피해오던 바람도 끝내
열독에 감염 됐는지 지친 파죽음이다

숲길마다 감시 초소를 세운
염제의 점령군에게 붙잡히면
못 면하는 화저로 지저대는 화형

연옥의 풍향계엔 순수의 행차가 아닌
열사로 끌려가는 유형의 행렬이 찍고가는
고행의 화인이 찍혀 있다

우리는 너나 없는 한 시대의 유형수
죄명은 기후악당, 형량은 무기수
최후의 진술은 폭군폭군 뻐꾸기가 피 대신 쓴 통사초

염병앓이다

뼈도 없이 흐물흐물한 연체동물이
목을 껴안고 풀어주지 않는다
선풍기의 칼날을 최대한으로 세워
잘라내 보지만
토막나긴커녕 더 물컹물컹 몸집만 키울 뿐이다

심술이라도 도지면 뿜어대기 시작한
열독마다 마디마디 마디가 자라나
온몸을 칭칭 감고 놓아주지 않는다
이열치열의 처방전은 순구식
신식으론 얼음찜질이라도 해야 열독이 풀린다

온몸에 기름칠이라도 한 듯
미끌거리는 홍건한 땀의 세례
걸친 것 죄다 훌훌 벗어버리고 싶은데
알몸뚱이란 게 비곗덩이 못 면해
육덕의 관능만 자극한다 염병앓이다

목발신세 될 일도 없어서

싸움 좋아하는 놈
더 센 상대가 나타나듯
속이기 좋아하는 놈
도사급 속임수 만나 속임 당할 수도

일 사도광산 유네스코 등재
한국은 일에 뒤통수 맞았다 하고
일은 한국과 충분히 논의했다고 하니
이현령비현령

맞은 뒤통수란 게 예를 들자면
싸움 좋아하는 개
다리 절며 돌아온다는
격과 다르지 않을 듯

이전투구 좋아하면
물리기도 하고 물기도 하는 법
속임수 좋아하다 속임 당하기와
다르지 않아서

군자지도 정도행
헛발질 삼가
들어서선 안 될 길 삼가면
발목 부러져 목발신세 될 일도 없어서

new right 먹물 지우기

뉴라이트라 하기에
새로운 빛 new light로 알고
새 광명인가 했더니 아니었어
어둠의 36년 빛을 회복하기 위해
스스로를 연소시켰던 광복(光復)에 먹칠한
new right를 일컫는 말이었어

무식에 대한 실망보다
빛에 새 빛이란 위장으로 먹칠하는
양심에 대한 실망이 더 컸어
절망을 용서받을 수 없는
죄라고 했던가
new right에 무기력할 수밖에 없는 죄

도치(刀治)시대의 무기력을
남은 3년을 세월이 약이란 말로
인내하는 것도 죄일 수밖에 없는 무기력
그래, 노여움도 경련도 없고 하늘에 대한
비난도 없는 고요한 절망을
슬기로움이라 했던가

진정한 빛의 의미를 아는 슬기
어둠과 싸워서 이긴 혼만이
빛이 된다는 깨달음의 슬기
그 슬기 동행 삼아 빛을 향하는 일이
우리의 슬기임을 일깨워준
일깨워 먹물을 지워
광복에 값하는 일이 슬기인 것을

감기

세속의 잡다하고 번잡하고
시시콜콜한 것들과 적당한 거리
저쪽에 나를 세워놓고
살아가고 있다고 생각했는데 착각이었다

세속에 그중 깊이 물들고
물들어 반응하고 적응하고 살았던 것을
남들은 다 앓았던 감기
나까지 앓았다 했더니 착각이었다

목이 마르고 염증성 간질거림에
마른기침을 해댔고
온몸이 으스러지게 아팠다
전신의 뼈마디며 근육들이 일으키는 통증

순수한 통징이란 미명으로
시대·현실·정치·도괴 되어가는 정신덕목 등
날마다 10여 편의 풍시조로 시의 복수
통징을 감행했더니 돌아온 몫이 통증이었다

별 수 없구나
아픈 시대에 함께 아프며 살아가야지
나만 성하면 미안해서도 안 되지
통증 통징의 아픔 앓을 수 있다면 성함이 아닐지

사무사(思無邪) 소고(小考)

공자의 가르침에 의하면
시는 사무사(思無邪)다
풀이하면 마음에 조금도
나쁜 일을 생각함이 없다다

헌데 고전이다
현대에 오면 좋은 일만
생각할 게 아니라
좋은 일, 미운 일, 추한 일은 물론
나쁜 일과 함께
분노·슬픔·기쁨·미움·증오·시기 같은
나쁜 일에 연계되는 마음도
시의 바탕이 된다

이러한 바탕은
직접 드러내기도 하고
에둘러 드러내기도 하며
순화·여과시켜 승화로
드러내기도 한다
그런가 하면 꼬집고 헐뜯고 공격해

복수를 감행하기도 한다

심지어 그것이
진실이거나 선과 미
만고의 진리일지라도
비틀어 짜기, 섞어짜기, 낯설게 하기, 혼성모방 등
의도적 제작성에 의탁
기도된 기술로 드러내기도 한다

이른바 현대적 기획이라고 하는
정공법에의 반역을 감행하기도 하고
객관적인 상관물을 발견
메타화하기도 하고
폭력적으로 결합하기도 한다
이른바 현대시법이 그러하다

더 중요한 것은
우리가 알고 있는 사무사가
공자의 가르침이었지 공자의 말은
아니었다는 사실이다

그 근거는 중국 노나라 때의 송사(頌辭)인
노송(魯頌)에 경마(駉馬)란 시가 있고
이는 노나라의 희공이란 분이
말 농장을 민가에서 멀리 떨어진
산자락에 설치했는데
백성들에게 피해를 주지 않으려는 배려에서였다
이를 칭송해
사무사(思無邪)라 했고, 이를
공자는 제자들에게 시정신으로
가르쳤다는 뜻이다

시는 그것이 정직한 마음이건
깨끗한 마음이건
진실되고 아름답고
선한 마음이었건
마음만이 아닌 정서나 의식
심지어는 정신적 심리상태도 드러내는
언어미학이었고
이는 인지의 발달에 의해
주어진 그 시대마다 시법을 달리한

언어미학의 정화나
정수이고자 했기 때문이었다

사무사는 현대시법으로 보면 고전이고
고전이어야 하는 것은
시대적 변화 때문이다
이 변화는 시를 사무사에서
사유사(思有邪)로 바꾸기도 하고
바꿔 에두르고
사물화하기도, 이미지로 재구성하기도 하는 등의
시의 발전에 기여했다
시가 바뀐 게 아니고 쓰는 법
드러냄의 시법을 달리했던 때문이다

시학(詩學)·1

모든 사물은 그들 고유의 연결고리로 묶여 있다
인(凶)함과 결(結)함과 의(依)함을
고리로 걸고 있기 때문이다

연결고리를 풀기에 따라
새로이 잇대어 엮기에 따라
사물은 존재이유를 달리하기도 같이하기도 한다

사물로 시를 쓴다고 했던가
주어진 사물의 외양을 변형하고 드러나지 않는
안에 감추어진 비의를 발견 변용했을 때

바꾸지 않고는 새롭게 태어날 수 없다
새로움은 기존(旣存)·기성(旣成)을
바꾸거나 넘어서거나 초월에 의해서만 가능하다

시가 변형·변용의 미학인 소이가 그러하고
낯설게라는 비친숙성을 통해 친숙성을 버렸을 때
새로움으로 태어나는 소이가 또한 그러하다

하나를 둘로 나누어 병치시키기도 하고
병치시켰다가 하나로 합일시키기도 하는 메타포
결합과 해체의 메타포에 의해 하나가 됐을 때

시는 성립되고 성립되어 탄생한다
변용의 미학이 그러하고 재빠른 이동과 전환의
지적 순발력이 방출하는 지적 광체가 그러하다

정서의 유희나 관념의 유희는 고전이다
현대시의 탄생은 컨시트가 이끌어내고 이끌어내
지적조작으로 재구성했을 때 탄생되는 미학이다

시학(詩學)·2

시법이나 시학 없이 쓴 시는
관념유희나 정서유희를 벗어나지 못함으로써
통념의 시가 될 수밖에 없게 된다

정서를 감각화 관념을 객관화
형상으로 재구성했을 때
현대시는 태어난다

엘리엇 식으론 정서로부터의 도피요
객관적상관물의 발견이요
폭력적 결합쯤이 된다

러시아 형식주의 지론으론 낯설게 쓰기요
우리 식으로 하면 변용이나 변형이고
형이상시법으로 하면 컨시트의 발견이다

랭보의 지론으론 견자적 시각이요
릴케에 의하면 체험, 스큐라브스키에
의하면 지적 광채의 방출이다

뉴크리티시즘의 요청에 의하면
양극화요, 원인적비유요 지적조작이다
현대시를 성립시키는 시의 조건이 이러하다

앰뷸런스 혐오음

삐뽀삐뽀 점잖게 경적음 울려도
양보하는 교통문화 질서화 된지 오래
교통체증으로 급한 김에 외쳐보는
무슨 의미로 질러대는지도 모르고 내지르는
아으 으아으 아으으으흐
귀신 곡소리도 아니고 마빡 깨져
피 흘리며 질러대는 소리도 아닌
악음 차원이 아닌 혐오음 차원인
앰뷸런스 악음(惡音)

점잖고 귀에 거슬리지 않고 설득력으로 들려오는
통일된 경적음은 없는 걸까
듣기만 해도 닭살 돋고 사시에 경기 직전인
이 세상의 소리 중에서도 그중
혐오음 못 면하는 아으인지? 으아인지? 둘 다인지
성한 사람이 되레 병자 못 면할 판인
악음 중의 악음
죽어가는 사람 목숨 구하려다
산 사람 잡아먹는 소름 돋힌 귀곡성 혐오음

무위의 언어

2024년 10월 20일 인쇄
2024년 10월 30일 발행

지은이 / 박진환
발행인 / 박진환
펴낸곳 / 조선문학사
등록번호 / 1-2733
주소 / 03730 서울 서대문구 통일로 389(홍제동)
대표전화 / 02-730-2255
팩스 / 02-723-9373
E-mail / chosunmh2@daum.net

ISBN 979-11-6354-320-6

정가 10,000원

* 인지는 저자와 합의 하에 생략
* 잘못된 책은 서점에서 교환해 드립니다.